Mijn tweetalige prentenboek

Moja dwujęzyczna książka obrazkowa

Sefa's mooiste kinderverhalen in één bundel

Ulrich Renz • Barbara Brinkmann:

Slaap lekker, kleine wolf · Śpij dobrze, mały wilku

Voor kinderen vanaf 2 jaar en ouder

Cornelia Haas • Ulrich Renz:

Mijn allermooiste droom · Mój najpiękniejszy sen

Voor kinderen vanaf 2 jaar en ouder

Ulrich Renz • Marc Robitzky:

De wilde zwanen · Dzikie łabędzie

Een sprookje naar Hans Christian Andersen

Voor kinderen vanaf 5 jaar en ouder

Special thanks to Paul Bödeker, Freiburg, Germany

ISBN: 9783756304158

sefa

Lezen · Luisteren · Begrijpen

Slaap lekker, kleine wolf

Śpij dobrze, mały wilku

Ulrich Renz / Barbara Brinkmann

Nederlands tweetalig **Pools**

Vertaling:

Jonathan van den Berg (Nederlands)

Jolanta Zak (Pools)

Luisterboek en video:

www.sefa-bilingual.com/bonus

Gratis toegang met het wachtwoord:

Nederlands: **LWNL2321**

Pools: **LWPL2521**

Goedenacht, Tim! We zoeken morgen verder.

Voor nu slaap lekker!

Dobranoc, Tim! Jutro wznowimy poszukiwania.

Teraz, śpij dobrze!

Buiten is het al donker.

Na zewnątrz jest już ciemno.

Wat doet Tim daar?

Co Tim robi?

Hij gaat naar de speeltuin.

Wat zoekt hij daar?

Wychodzi na plac zabaw.

Czego on tam szuka?

De kleine wolf!

Zonder hem kan hij niet slapen.

Małego wilka!

Nie może bez niego spać.

Wie komt daar aan?

Któż to nadchodzi?

Marie! Ze zoekt haar bal.

Marie! Szuka swojej piłki.

En wat zoekt Tobi?

A czego szuka Tobi?

Zijn graafmachine.

Jego koparki.

En wat zoekt Nala?

A czego szuka Nala?

Haar pop.

Swojej lalki.

Moeten de kinderen niet naar bed?

De kat is erg verwonderd.

Czy dzieci nie muszą już iść spać?

– zastanawia się kot.

chez Mastin
7
vitrerie

Wie komt er nu aan?

Kto nadchodzi teraz?

De mama en papa van Tim!

Zonder hun Tim kunnen zij niet slapen.

Mama i tata Tima!

Nie mogą spać bez Tima.

En er komen nog meer! De papa van Marie.
De opa van Tobi. En de mama van Nala.

Nadchodzi ich coraz więcej. Tata Marie.
Dziadek Tobiego. I mama Nali.

Nu snel naar bed!

Teraz, szybko do łóżka!

Goedenacht, Tim!

Morgen hoeven we niet meer te zoeken.

Dobranoc, Tim!

Jutro nie będziemy musieli już więcej szukać.

Slaap lekker, kleine wolf!

Śpij dobrze, mały wilku!

Cornelia Haas • Ulrich Renz

Mijn allermooiste droom

Mój najpiękniejszy sen

Vertaling:

Gino Morillo Morales (Nederlands)

Joanna Barbara Wallmann (Pools)

Luisterboek en video:

www.sefa-bilingual.com/bonus

Gratis toegang met het wachtwoord:

Nederlands: **BDNL2321**

Pools: **BDPL2521**

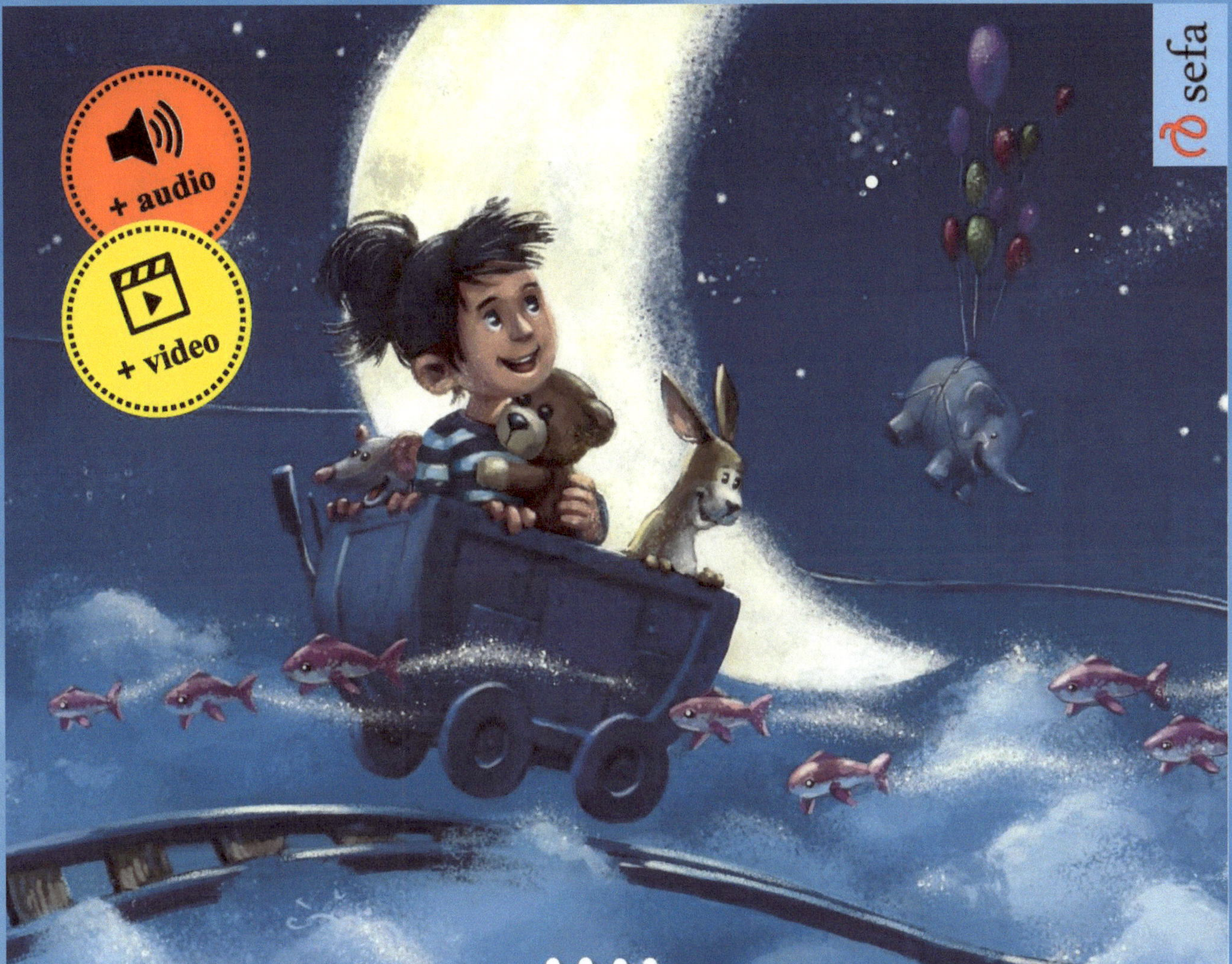

Mijn allermooiste droom

Mój najpiękniejszy sen

Cornelia Haas · Ulrich Renz

Nederlands tweetalig Pools

Lulu kan niet slapen. Alle anderen zijn al aan het dromen – de haai, de olifant, de kleine muis, de draak, de kangoeroe, de ridder, de aap, de piloot. En het leeuwenwelpje. Zelfs de beer heeft moeite om zijn ogen open te houden ...

Hé beer, neem je me mee in je dromen?

Lulu nie może zasnąć. Wszyscy inni już śnią – rekin, słoń, myszka, smok, kangur, rycerz, małpa, pilot. I lwiątko też. Misiowi także, już prawie oczy się zamykają ...

Misiu, zabierzesz mnie do twojego snu?

En zo bevindt Lulu zich in berendromenland. De beer is vissen aan het vangen in Meer Tagayumi. En Lulu vraagt zich af: wie woont daarboven in de bomen?

Wanneer de droom voorbij is, wil Lulu nog meer beleven. Kom mee, laten we de haai bezoeken! Wat zou hij nu dromen?

I już jest Lulu w misiowej krainie snu. Miś łowi ryby w jeziorze Tagayumi. A Lulu dziwi się, kto mieszka tam w górze na drzewach?

Gdy sen się kończy, Lulu chce jeszcze więcej przeżyć. Chodź ze mną, odwiedzimy rekina! O czym on śni?

De haai speelt tikkertje met de vissen. Eindelijk heeft ook hij vrienden!
Niemand is bang voor zijn scherpe tanden.
Wanneer de droom voorbij is, wil Lulu nog meer beleven. Kom mee, laten we de olifant bezoeken! Wat zou hij nu dromen?

Rekin bawi się z rybami w berka. Nareszcie ma przyjaciół! Nikt nie boi się jego ostrych zębów.
Gdy sen się kończy, Lulu chce jeszcze więcej przeżyć. Chodź ze mną, odwiedzimy słonia! O czym on śni?

De olifant is zo licht als een veertje en kan vliegen! Hij staat op het punt om te landen in de hemelse weide.
Wanneer de droom voorbij is, wil Lulu nog meer beleven. Kom mee, laten we de kleine muis bezoeken! Wat zou zij nu dromen?

Słoń jest lekki jak piórko i umie latać! Zaraz wyląduje na niebiańskiej łące. Gdy sen się kończy, Lulu chce jeszcze więcej przeżyć. Chodź ze mną, odwiedzimy myszkę! O czym ona śni?

De kleine muis is naar de kermis aan het kijken. De achtbaan vindt ze het leukste.

Wanneer de droom voorbij is, wil Lulu nog meer beleven. Kom mee, laten we de draak bezoeken! Wat zou hij nu dromen?

Myszka przypatruje się wesołemu miasteczku. Najbardziej podoba jej się kolejka górska.

Gdy sen się kończy, Lulu chce jeszcze więcej przeżyć. Chodź ze mną, odwiedzimy smoka! O czym on śni?

De draak heeft dorst van al het vuurspugen. Hij zou graag het hele limonademeer leegdrinken.
Wanneer de droom voorbij is, wil Lulu nog meer beleven. Kom mee, laten we de kangoeroe bezoeken! Wat zou zij nu dromen?

Smok jest spragniony od ziania ogniem. Najchętniej wypiłby całe jezioro lemoniady.

Gdy sen się kończy, Lulu chce jeszcze więcej przeżyć. Chodź ze mną, odwiedzimy kangura! O czym on śni?

De kangoeroe springt door de snoepfabriek en vult haar buidel. Nog meer gummibeertjes! En drop! En chocolade!
Wanneer de droom voorbij is, wil Lulu nog meer beleven. Kom mee, laten we de ridder bezoeken! Wat zou hij nu dromen?

Kangur skacze po fabryce słodyczy i napycha swoją torbę do pełna. Jeszcze więcej tych niebieskich cukierków! I jeszcze więcej lizaków! I czekolady! Gdy sen się kończy, Lulu chce jeszcze więcej przeżyć. Chodź ze mną, odwiedzimy rycerza! O czym on śni?

De ridder is bezig met een taartgevecht met de prinses van zijn dromen.
Oeps! De slagroomtaart gaat ernaast!
Wanneer de droom voorbij is, wil Lulu nog meer beleven. Kom mee, laten we de aap bezoeken! Wat zou hij nu dromen?

Rycerz i jego księżniczka toczą bitwę na torty. Och! Tort śmietankowy nie trafił do celu!
Gdy sen się kończy, Lulu chce jeszcze więcej przeżyć. Chodź ze mną, odwiedzimy małpę! O czym ona śni?

Eindelijk is er sneeuw gevallen in Apenland. De hele groep apen is door het dolle heen. Het is een echte apenkooi.
Wanneer de droom voorbij is, wil Lulu nog meer beleven. Kom mee, laten we de piloot bezoeken! Wat zou hij nu dromen?

Nareszcie spadł śnieg w krainie małp! Cała zgraja małp jest całkiem poza sobą i urządza przedstawienie.

Gdy sen się kończy, Lulu chce jeszcze więcej przeżyć. Chodź ze mną, odwiedzimy pilota! W jakim śnie on wylądował?

De piloot vliegt verder en verder. Naar het einde van de wereld en nog verder, helemaal tot aan de sterren. Geen andere piloot heeft dat ooit gedaan. Wanneer de droom voorbij is, is iedereen al heel moe en willen ze niet meer zo veel beleven. Maar toch willen ze het leeuwenwelpje nog bezoeken. Wat zou zij nu dromen?

Pilot lata i lata. Aż na koniec świata i jeszcze dalej, aż do gwiazd. To, nie udało się jeszcze żadnemu innemu pilotowi.
Gdy sen się kończy, wszyscy są już bardzo zmęczeni i nie chce im się nic więcej przeżyć. Ale chcą jeszcze odwiedzić lwiątko. O czym ono śni?

Het leeuwenwelpje heeft heimwee en wil terug naar haar warme, knusse bed.
Dat willen de anderen ook.

En daar begint …

Lwiątko tęskni za domem i chce wrócić do ciepłego, przytulnego łóżka.
I inni też.

I wtedy zaczyna się …

... Lulu's allermooiste droom.

... najpiękniejszy sen Lulu.

Ulrich Renz • Marc Robitzky

De wilde zwanen

Dzikie łabędzie

Vertaling:

Christa Kleimaker (Nederlands)

Joanna Wallmann (Pools)

Luisterboek en video:

www.sefa-bilingual.com/bonus

Gratis toegang met het wachtwoord:

Nederlands: **WSNL2121**

Pools: **WSPL2521**

Ulrich Renz · Marc Robitzky

sefa

De wilde zwanen

Dzikie łabędzie

Een sprookje naar

Hans Christian Andersen

Nederlands tweetalig Pools

Er waren eens twaalf koningskinderen – elf broers en een grote zus, Elisa. Ze leefden gelukkig in een prachtig kasteel.

Dawno, dawno temu, było sobie dwanaścioro dzieci królewskich–jedenastu braci i starsza siostra, Elisa. Żyli sobie szczęśliwie w przepięknym zamku.

Op een dag stierf hun moeder en een poosje later trouwde de koning opnieuw. Maar de nieuwe vrouw was een boze heks. Ze toverde de elf prinsjes om in zwanen en stuurde ze naar een vreemd land heel ver weg, aan de andere kant van het grote bos.

Pewnego dnia zmarła ich matka. Jakiś czas później król ożenił się ponownie, ale nowa żona była złą czarownicą. Zaczarowała książęta w łabędzie i wysłała je daleko, do obcego kraju, po drugiej stronie wielkiego lasu.

Ze kleedde het meisje in vodden en smeerde haar een zalfje op het gezicht dat haar zo lelijk maakte dat zelfs haar eigen vader haar niet meer herkende en haar uit het kasteel verjaagde. Elisa rende het donkere bos in.

Dziewczynkę ubrała w łachmany, a jej twarz posmarowała oszpecającą maścią. Ojciec nie rozpoznał jej i wygnał z zamku. Elisa uciekła do wielkiego, ciemnego lasu.

Nu was ze helemaal alleen, en verlangde in het diepst van haar ziel naar haar verdwenen broers. Toen de avond viel maakte ze onder de bomen een bed van mos.

Teraz była całkowicie sama i w głębi duszy tęskniła za swoimi zaginionymi braćmi. Gdy zapadł wieczór, zrobiła sobie pod drzewami posłanie z mchu.

De volgende ochtend kwam ze bij een stille vijver en schrok ze toen ze daarin haar eigen spiegelbeeld zag. Maar nadat ze zich had gewassen, was ze het mooiste koningskind onder de zon.

Następnego ranka dotarła nad ciche jezioro i wystraszyła się, widząc w nim swoje odbicie. Gdy się umyła, stała się znowu najpiękniejszą księżniczką pod słońcem.

Na vele dagen bereikte Elisa de grote zee. Op de golven schommelden elf zwanenveren.

Po wielu dniach Elisa dotarła nad wielkie morze. Na falach unosiło się jedenaście łabędzich piór.

Toen de zon onderging, ruisde er iets in de lucht en elf wilde zwanen landden op het water. Onmiddellijk herkende Elisa haar elf betoverde broers. Maar omdat ze de zwanentaal spraken, kon zij hen niet verstaan.

O zachodzie słońca słychać było szum w powietrzu. Jedenaście dzikich łabędzi wylądowało na wodzie. Elisa od razu rozpoznała w nich swoich zaczarowanych braci. Nie mogła ich zrozumieć, gdyż nie znała mowy łabędzi.

Overdag vlogen de zwanen weg, maar ‘s nachts vlijden de broers en zus zich in een grot tegen elkaar aan.

In een nacht had Elisa een vreemde droom: Haar moeder vertelde haar hoe ze haar broers kon bevrijdden. Ze moest voor iedere zwaan een hemdje van brandnetels breien en het dan over hem heen werpen. Tot die tijd mocht ze geen woord spreken, want anders zouden de broers sterven.
Elisa ging gelijk aan het werk. Hoewel haar handen brandden als vuur, breide ze onvermoeid door.

Za dnia łabędzie odlatywały, a nocą rodzeństwo spało w jaskini, przytulone do siebie.

Pewnej nocy Elisa miała dziwny sen: matka powiedziała jej, w jaki sposób może zdjąć czar z braci. Powinna dla każdego łabędzia upleść z pokrzyw koszulkę i mu ją narzucić. Do tego momentu nie wolno jej powiedzieć ani jednego słowa, inaczej bracia umrą.
Elisa natychmiast zabrała się do pracy. Chociaż ręce paliły jak ogień, plotła niestrudzenie.

Op een dag klonken er in de verte jachthoorns. Een prins met zijn gevolg kwam aangereden en stond al snel voor haar. Toen ze elkaar in de ogen keken, werden ze verliefd.

Pewnego dnia w oddali rozbrzmiały rogi myśliwskie. Wkrótce przybył konno książę wraz ze swoją świtą. Gdy tych dwoje spojrzało sobie w oczy, zakochali się.

De prins tilde Elisa op zijn paard en reed met haar naar zijn kasteel.

Książę posadził Elisę na konia i galopem ruszyli do zamku.

De machtige schatbewaarder was over de aankomst van het stomme meisje helemaal niet blij. Zijn eigen dochter zou de bruid van de prins moeten worden.

Potężny skarbnik nie był zadowolony z przybycia pięknej niemowy. To jego córka miała zostać żoną księcia.

Elisa was haar broers niet vergeten. Iedere avond werkte ze verder aan de hemdjes. Op een nacht sloop ze naar het kerkhof om verse brandnetels te plukken. Daarbij had de schatbewaarder haar in het geheim gade geslagen.

Elisa nie zapomniała o swoich braciach. Każdego wieczora pracowała dalej nad koszulkami. Pewnej nocy poszła na cmentarz po świeże pokrzywy. Skarbnik obserwował ją przy tym potajemnie.

Zodra de prins op jacht was, liet de schatbewaarder Elisa in de kerker gooien. Hij beweerde dat zij een heks was die 's nachts andere heksen ontmoette.

Gdy tylko książę wyruszył na polowanie, skarbnik rozkazał wrzucić Elisę do lochu. Rozgłosił, że jest ona czarownicą i nocą spotyka się z innymi czarownicami.

Bij het aanbreken van de dag werd Elisa door de bewakers opgehaald. Ze zou op de markt worden verbrand.

O świcie straż przyszła po Elisę. Miała zostać spalona na rynku.

Nauwelijks waren ze daar aangekomen toen plotseling elf witte zwanen aangevlogen kwamen. Snel gooide Elisa iedere zwaan een brandnetel-hemdje over. Al gauw stonden al haar broers als mensen voor haar. Alleen de kleinste, wiens hemdje nog niet helemaal klaar was, had nog een vleugel in plaats van een arm.

Gdy tam doszła, nagle nadleciało jedenaście białych łabędzi. Elisa szybko narzuciła każdemu z nich koszulkę z pokrzyw. W mgnieniu oka stanęli przed nią wszyscy jej bracia w ludzkiej postaci. Tylko ten najmłodszy, którego koszulka nie była całkowicie gotowa, zachował w miejscu ramienia skrzydło.

Het omhelzen en kussen van de broers en zus was nog niet afgelopen toen de prins terugkeerde. Eindelijk kon Elisa hem alles uitleggen. De prins liet de boze schatbewaarder in de kerker gooien. En daarna werd er zeven dagen lang bruiloft gevierd.

En ze leefden nog lang en gelukkig.

Jeszcze długo po powrocie księcia, objęciom i pocałunkom rodzeństwa nie było końca. Elisa mogła mu wreszcie wszystko wytłumaczyć. Książę rozkazał wrzucić złego skarbnika do lochu i siedem dni świętowano zaślubiny.

I żyli długo i szczęśliwie.

Hans Christian Andersen

Hans Christian Andersen werd 1805 in de Deense stad Odense geboren en overleed in 1875 te Kopenhagen. Door de sprookjes zoals “De kleine zeemeermin”, “De nieuwe kleren van de keizer” of “Het lelijke eendje” werd hij wereldberoemd. Dit sprookje, “De wilde zwanen”, werd voor het eerst in 1838 gepubliceerd. Het werd sindsdien in meer dan honderd talen vertaald en in vele versies o.a. ook voor het theater, film en musical bewerkt.

Barbara Brinkmann werd geboren in 1969 in München (Duitsland). Ze studeerde architectuur in München en is momenteel werkzaam bij de faculteit Bouwkunde van de Technische Universiteit van München. Ze werkt ook als grafisch ontwerper, illustrator en auteur.

Cornelia Haas werd geboren in 1972 in Ichenhausen bij Augsburg (Duitsland). Ze studeerde design aan de Hogeschool van Münster, waar ze als ontwerpster afstudeerde. Sinds 2001 illustreert ze boeken voor kinderen en jongeren en sinds 2013 doceert ze acryl- en digitale schilderkunst aan de Hogeschool Münster.

Marc Robitzky, geboren in 1973, studeerde aan de technische kunstschool in Hamburg en de Academie voor Beeldende Kunsten in Frankfurt. Hij werkte als zelfstandig illustrator en communicatie designer in Aschaffenburg (Duitsland).

Ulrich Renz werd geboren in 1960 in Stuttgart (Duitsland). Hij studeerde Franse literatuur in Parijs en geneeskunde in Lübeck, waarna hij als directeur van een wetenschappelijke uitgeverij werkte. Vandaag de dag is Renz freelance auteur en schrijft hij naast non-fictie ook boeken voor kinderen en jongeren.

Hou je van tekenen?

Hier vindt je alle illustraties van het verhaal om in te kleuren:

www.sefa-bilingual.com/coloring

www.ingramcontent.com/pod-product-compliance
Lightning Source LLC
LaVergne TN
LVHW070442080526
838202LV00035B/2705
* 9 7 8 3 7 5 6 3 0 4 1 5 8 *